LA

LANGUE INDO-EUROPÉENNE.

ARTICLE DE M. MICHEL BRÉAL.

EXTRAIT DU JOURNAL DES SAVANTS. — OCTOBRE 1876.

Examen critique de quelques théories relatives à la langue mère indo-européenne.

On est convenu d'appeler *langue mère indo-européenne* la langue dont sont issus le sanscrit, le zend, le grec, le latin, le celtique, le germanique et le slave, langue qui ne nous a été directement conservée par aucun document, mais dont, grâce à la comparaison et à l'induction, nous pouvons entrevoir, d'une façon plus ou moins distincte, les linéaments principaux. Tous les linguistes, depuis Bopp et Schleicher jusqu'à MM. Pott et Max Müller, se sont appliqués à en retrouver quelques traits. Mais c'est surtout dans les dernières années que les travaux relatifs à cette langue se sont multipliés. M. Auguste Fick a publié un dictionnaire de la langue mère indo-germanique, lequel est déjà à sa troisième édition. La méthode suivie par Schleicher, qui place toujours en tête de ses recherches grammaticales la forme mère restituée par hypothèse, a trouvé de nombreux imitateurs. Il ne sera donc pas inutile de soumettre cette méthode, ainsi que les principes qu'elle suppose d'une façon plus ou moins explicite, à un examen critique.

Disons d'abord que cette manière de procéder, quand elle est entourée de certaines précautions, nous paraît légitime. Reconstruire une forme *vaghanti*, « ils transportent, » comme prototype du latin *vehunt* et du sanscrit *vahanti*, est une hypothèse permise. Un substantif neutre *ganas*, naissance, race, nous est suggéré par le sanscrit *ganas*, le grec γένος et le latin *genus*. Ce mode de reconstitution a le double avantage de se bien prêter, par sa clarté et par sa brièveté, à l'enseignement, et d'imposer aux conjectures une forme précise. Mais tout ce que nous mettons dans ces mots, dits *indo-européens*, se trouvant fourni (comme le nom de la

1

langue elle-même) par les idiomes qui sont venus jusqu'à nous, il est clair que nous ne saurions tirer de cette source aucune connaissance positive. Ce serait renverser l'ordre logique que de prétendre éclairer nos idiomes à l'aide de l'indo-européen. Un avertissement de ce genre paraît presque superflu, tant la chose est évidente : on peut craindre cependant que la simplicité apparente et la commodité de la méthode n'aient fait quelquefois illusion. Ce n'est pas sans doute celui qui crée la langue, ce n'est pas M. Fick, par exemple, qui peut se tromper à cet égard : nous en avons pour preuve les éliminations et les retouches que subit le vocabulaire indo-germanique dans les éditions successives de son livre. Mais, quand on voit dans des dictionnaires latins, comme dans celui de M. Vanicek, figurer des racines indo-européennes dont on déduit la forme et le sens des mots latins, on sent les dangers du système. Je voudrais, à ce sujet, présenter quelques réflexions. Je laisserai de côté les abus qui ont pu être faits de la méthode de reconstruction, et je la considérerai seulement en ce qu'elle a de légitime et de fondé.

Cette langue mère, dont nous entrevoyons les contours, s'est sans doute développée dans les mêmes conditions que nos langues, et de ce qu'elle ne nous a pas été conservée, nous n'avons pas le droit de conclure qu'elle fût faite autrement que les idiomes dont nous avons une connaissance directe. Telle serait pourtant l'erreur où l'on tomberait, si l'on attribuait à la langue mère une régularité qui ne se trouve dans aucune de ses filles. Pour commencer par la phonétique, toutes les langues qui ont été parlées pendant un long espace de temps par un grand nombre d'hommes, offrent des variétés dialectales : la langue mère, sur laquelle nous n'avons aucun renseignement positif, mais dont on peut dire avec assurance qu'elle a été maniée durant une série considérable de siècles avant d'arriver au développement grammatical qu'elle présente, a dû également subir le mélange des dialectes. J'en donnerai un seul exemple. Les mots qui désignent le cœur dans nos langues de l'Europe supposent tous un primitif *kard*. D'autre part, les mots qui désignent le cœur en sanscrit et en zend supposent un primitif *ghard* ou *ǵhard*. Mais ce qui prouve que la forme *kard* n'était pas étrangère aux langues de l'Asie, c'est qu'elle s'est conservée dans le juxtaposé *çrad-dhâ* qui désigne un acte de foi, ainsi que dans le verbe *çraddadhâmi*, qui veut dire j'accorde mon cœur, ma foi (c'est le latin *crēdo*) [1]. Nous avons donc deux formes, *kard* et *ghard*, dont il serait difficile de nier la parenté, mais qui ne se laissent pas réduire à une forme commune. Probablement l'une et l'autre coexistaient dans la langue

[1] Cette belle étymologie est due à M. James Darmesteter, dans les *Mémoires de la Société de linguistique*, t. III, p. 52.

mère indo-européenne. Je ne veux pas dire que toutes les variantes dialectales ne doivent pas, en dernière analyse, être ramenées à un type
unique. L'erreur, c'est de placer les points de jonction sur un seul et
même plan. Un certain nombre de ces formes dialectales ont pris naissance antérieurement à la langue qu'à l'aide de nos comparaisons nous
pouvons reconstruire, de sorte que la phonétique selon laquelle ces
variantes se sont produites nous échappe.

Si l'on garde ce principe présent à l'esprit, on s'explique la présence
de certaines formes dont il est impossible, d'après les règles connues, de
montrer la parenté, et qui semblent pourtant appartenir à une origine
commune. Je citerai comme exemples les mots qui désignent les ongles :
nakha en sanscrit, *naga* en lithuanien, et d'autre part ὄνυξ en grec, *un-
guis* en latin; le nombril : *nābhi* en sanscrit, *nabalo* en vieux haut-alle-
mand, ὄμφαλος en grec, *umbilicus* en latin. Quelques mots qu'une vraisemblance parlant plus haut que les règles de la phonétique nous in-
vite à identifier, comme Ͽεός et *deus*, comme Ͽύρα et *dvâr*, doivent sans
doute s'expliquer par le mélange des dialectes au sein de la langue mère.

Mais ce n'est pas seulement pour la prononciation qu'on a imaginé
sans motif une régularité idéale. Dans toutes les langues sans excep-
tion qui sont directement observables, nous rencontrons des mots dont
l'étymologie s'explique par le secours de la langue où ils se trouvent,
et d'autres mots qui sont inexplicables ou qui ont besoin, pour être
analysés, d'être rapportés à une période plus ancienne. Nous devons
penser qu'il en était de même dans la langue mère : elle sortirait tout
à fait des conditions ordinaires, si tous les mots qui la composent étaient
également transparents. C'est ce que paraissent avoir oublié quelquefois
nos modernes linguistes, qui, non contents de poser la forme indo-
européenne, veulent aussi en donner chaque fois l'étymologie. S'agit-il,
par exemple, du mot *avi-s*, brebis? Ce substantif a existé dans la langue
mère, puisque nous le rencontrons en sanscrit sous la forme *avi-s*, en
grec ὄϊς, latin *ovis*, lithuanien *avis*, irlandais *oi*. Mais, s'il n'est nulle-
ment téméraire d'affirmer l'existence du mot dans un temps antérieur à
la séparation de nos idiomes, la recherche de l'étymologie nous trans-
porterait dans une période beaucoup plus reculée et sur un terrain
moins solide : l'*Indo-européen* qui nommait *avis* la brebis pensait probablement, en la nommant, à une brebis, et à nulle autre chose. Si
nous voulons connaître la racine renfermée dans ce substantif, nous
franchissons une nouvelle série de siècles et nous faisons de l'étymologie
anté-indo-européenne. C'est ce que nous paraît faire M. G. Curtius
quand il suppose que la brebis est nommée d'après sa douceur et quand
il identifie son nom avec l'adjectif sanscrit *avi*, bienveillant, favorable;
c'est ce que fait M. Auguste Fick, quand il rattache le mot à une racine

av, marcher, dont l'existence, pour le dire en passant, nous paraît bien problématique.

Ce que nous venons de dire pour la brebis n'est pas moins vrai pour le bœuf ou pour le taureau. Faut-il croire que la vache a été nommée *gâus*, d'après l'idée de marcher, et le taureau *sthûra*, d'après l'idée d'être debout ou d'être fort? A moins de se représenter l'Arya sous les traits d'un autre Adam, donnant des noms aux oiseaux des cieux et à toutes les bêtes des champs, il faut supposer sans doute, qu'en même temps qu'il a hérité de ces animaux, il les a trouvés déjà bien et dûment pourvus de leurs dénominations. Qu'on fasse la part aussi large qu'on voudra au rajeunissement du langage, lequel substitue des termes nouveaux, ordinairement des adjectifs, aux anciens noms devenus inintelligibles, ce rajeunissement n'est pas tel qu'il ne subsiste beaucoup d'anciens mots. C'est ainsi que nous avons encore en français les noms de *bœuf* et de *taureau*, et qu'en allemand on a *die kuh*, *der stier*, c'est-à-dire les anciens termes. On peut donc croire que *gâus* et *sthûra* sont un vieil héritage, de sorte que la ressemblance avec les verbes *gam*, aller, et *sthâ*, être debout, se borne peut-être à une simple coïncidence de son. Je laisse de côté à dessein la possibilité d'un emprunt fait à une autre famille de langues, qu'on n'a cependant pas le droit de perdre de vue.

Prenons encore le mot *ukshan*, bœuf, dont l'antiquité est assurée par le sanscrit d'une part, et d'un autre côté par le gothique *auhsa;* qu'on le ramène à *uksh*, grandir, ou à *uksh*, arroser, féconder, de toutes manières on l'interprète par deux verbes beaucoup plus récents, à ce que je crois, que le nom de l'animal. Même observation pour le cochon (*sû*) qu'on a rattaché à l'idée de fécondité, l'oie (*ghansa*, *hansa*) ainsi nommée, a-t-on dit, parce qu'elle a le bec ouvert (χαίνω), et le bétail en général (*paku*, *paçu*), qui viendrait de l'idée de prendre ou d'attacher.

Je viens à une autre classe de mots qu'il ne serait pas moins dangereux de vouloir tous expliquer à l'aide des verbes restés en usage. Ce sont les noms qui désignent les différentes parties du corps. L'enfant, parmi ses premières acquisitions linguistiques, apprend à nommer sa bouche, son nez, ses oreilles, ses yeux, ses mains, ses pieds; il en a été probablement de même dans cette période, et l'on n'avait sans doute pas attendu jusque-là pour trouver des noms à ces organes. Il serait donc bien imprudent d'affirmer que le verbe sanscrit *pad*, marcher, a servi à désigner le pied; le contraire, à savoir que le verbe sanscrit *padati*, il marche, est dérivé du substantif, est tout aussi possible, d'autant plus que les verbes correspondants dans les langues de l'Europe paraissent faire défaut. M. Fick cite le latin *pessum* (*dare*) qu'il rapproche de l'infinitif sanscrit *pattum;* mais *pessum*, ainsi que l'indique l'expression *pessum dejicere*, renferme la même contraction que *sasum*, *prosa*, et

doit être rapporté au verbe latin *pervertere*. La dent est-elle appelée *dant*
parce qu'elle est la mangeuse : (a)*dant*, ou parce qu'elle est celle qui
sépare et qui déchire (*dâ*, diviser)? Je croirais aussi volontiers que *dant*
était déjà un appellatif, un nom dont la signification étymologique est
oubliée, comme notre français *dent* et l'anglais *tooth*. On peut dire pa-
reille chose pour les joues (*ghanu*, *hanu*), la bouche (*âs*), le nez (*nâs*,
nâsâ), la tête (*kar*), le bras (*bâhu*), l'épaule (*amsa*), le foie (*jakart*), la
chair (*kravas*), le corps (*karpas*). Du moins, toutes les étymologies qu'on
a proposées pour ces noms paraissent-elles bien cherchées.

Les degrés de parenté ne sont pas non plus de ces mots qu'on se
résoud facilement à changer, pour les remplacer par d'autres qui soient
tirés des verbes actuellement en usage. Aucune étymologie satisfaisante
n'a été présentée pour les noms de *svasar*, la sœur; *snushâ*, la bru;
dêvar, le beau-frère; *napât*, le petit-fils; *çvaçura*, le beau-père; *çvaçrû*,
la belle-mère. Quelques philologues ont cru devoir chercher en sanscrit l'étymologie de ces mots; ainsi, *napât*, le petit-fils, a été expliqué
par *na-pati*, celui qui n'est pas [son] maître; *svasar*, la sœur, par *sva-
strî*, sa propre femme (!); *dêvar*, le beau-frère, par le verbe sanscrit
dêvati, il joue, et M. Delbrück a découvert, dans ce jeune frère amusé
par ses belles-sœurs, une idylle indo-germanique. Mais c'est montrer met
grande confiance dans les ressources que le vocabulaire indien une
entre les mains de l'étymologiste. Les deux termes pour lesquels on
peut avec le plus de vraisemblance admettre l'explication généralement
adoptée, sont ceux du père et de la mère, *patar* ou *pitar* étant le pro-
tecteur, et *mâtar* celle qui met au monde. Mais à côté de ces deux
termes, qui sont, comme *genitor* ou *parens* en latin, des créations nouvelles du langage, la plupart des idiomes en ont conservé d'autres, tels
qu'*atta*, père, en gothique; *attâ*, mère, en sanscrit, qui sont probablement les anciennes dénominations.

J'en dirai autant, sans m'y arrêter, pour les noms qui désignent le
feu (*agni*), la neige (*ghima* et *ghjâ*), le nuage (*nabhas*), la campagne
(*ravas*). Aucun de ces mots ne me semble pouvoir s'expliquer à l'aide
des verbes restés usités. Il en est de même encore pour quelques qua-
lités essentielles du corps, telles que *garu*, lourd; *laghu*, léger; *varu*,
large; *nava*, nouveau, ainsi que pour les divers âges de l'homme : *juvan*,
jeune; *vîra*, *nar*, homme; *sana*, vieux. Quelques produits de la civilisa-
tion et de l'industrie humaines semblent protester également contre
l'âge trop récent qu'on leur attribue, en les voulant expliquer par des
racines encore vivantes; je citerai : *dam*, la maison; *ajas*, le métal, l'ai-
rain, sans compter quelques termes abstraits, qui représentent les premières conquêtes de la moralité humaine, comme *apas*, le travail; *râ*,
la propriété; *jaus*, le droit.

Je viens maintenant à une série de mots que l'intérêt public dut défendre contre tout remplacement, une fois qu'ils eurent été trouvés : ce sont les noms de nombre. Depuis plus de trente siècles, sauf quelques changements insignifiants, les langues de notre famille comptent de 2 à 100 par les mêmes mots, et elles continueront probablement à le faire aussi longtemps qu'elles dureront. Pour la même raison, nous devons penser que ceux qui créèrent notre système grammatical ont respecté les noms de nombre qu'ils trouvèrent en usage. A moins de supposer que l'homme ne savait pas encore compter de 1 à 10, il faut bien admettre que ces termes *dva, tri, katur,* etc., sont antérieurs à la période où furent jetées les bases de notre grammaire. C'est donc une entreprise bien risquée de chercher dans le vocabulaire sanscrit ou grec l'explication de ces termes, comme le fait, par exemple, M. Goldstücker, quand il voit dans *pancan,* cinq, un parent du sanscrit *paçcât,* après, ou dans *saptan,* ἑπ7ά, un participe du verbe *sap,* ἕπομαι, suivre, probablement parce que le nombre sept suit [les six premiers][1]. Le seul nom de nombre qui change est le nombre *un,* à cause de la facilité avec laquelle il se confond avec les pronoms. Le nombre *deux* semble emprunter sa signification à la désinence duelle; mais ce qui a fait choisir les mots *dva* et *ambha* pour porter cette désinence, c'est sans doute qu'ils étaient déjà précédemment employés comme nombres signifiant *deux.* On a fait ressortir souvent les ressemblances du nombre *dix* (*dakan, daçan*) avec les mots signifiant *doigts* (δάϰτυλοι, *digiti*). Si cette parenté existe, on en peut tirer deux renseignements : le premier, c'est que *dak,* ou quelque forme de ce genre, a été le plus ancien nom des doigts ou de la main; le second, c'est que le nombre *dix* n'a pas été pris dans une autre famille de langues, d'où la présomption pour la série des neuf nombres précédents qu'elle n'a pas été empruntée. Les coïncidences qu'on a souvent signalées avec la famille sémitique, où l'on a, par exemple, l'hébreu *shêsh,* six, *shebà,* sept, devraient dès lors être expliquées comme remontant à une époque anté-grammaticale où les deux familles étaient encore confondues en une seule.

Qu'il nous soit permis de citer ici quelques lignes qui n'ont pas été écrites par un linguiste, ni en vue d'une question de linguistique, mais qui n'en trouvent pas moins leur application :

« On raisonne trop souvent comme si le genre humain finissait et « commençait à chaque instant, sans aucune sorte de communication « entre une génération et celle qui la remplace. Les générations, en se

---

[1] On est étonné de voir un penseur aussi judicieux que M. Sayce donner son assentiment à ces étymologies. (*Principles of comparative philology,* 2ᵉ éd. p. 33 et 109.)

« succédant, se mêlent, s'entrelacent et se confondent. . . . . Un peuple,
« à moins qu'il ne soit exterminé, ou qu'il ne tombe dans une dégrada-
« tion pire que l'anéantissement, ne cesse jamais, jusqu'à un certain
« point, de se ressembler à lui-même. »

C'est l'un des rédacteurs de notre Code civil, J. E. M. Portalis, qui
parlait ainsi, faisant allusion aux théories trop idéales de législation et
de droit qui avaient eu cours de son temps. Nos linguistes ont quelquefois raisonné à la manière de ces théoriciens du xviii° siècle, comme si,
à un certain moment, rien n'avait survécu des âges précédents, et
comme si le langage avait été créé en une fois et sur un modèle unique.
Nous ajouterons quelques mots de Guillaume de Humboldt, qu'il n'a
pas écrits non plus en songeant à la question qui nous occupe, mais
qui peuvent également s'y appliquer : « Comme chaque langue reçoit
« sa matière première des générations précédentes, l'activité intellec-
« tuelle consistant à créer l'expression des idées est toujours tournée
« vers quelque chose qui est déjà là : elle ne produit pas, elle trans-
« forme. »

Je viens maintenant à quelques faits de grammaire. Nos linguistes
ont pu sourire avec raison de Gotfried Hermann expliquant, d'après la
philosophie de Kant, la signification des cinq cas de la déclinaison
grecque : on n'a pas eu de peine à montrer que cette déclinaison, fort
remaniée, fort réduite, a dû reporter sur les cas qui survivent la fonction de ceux qu'elle a perdus. Mais n'est-ce pas retomber dans un défaut analogue, que de chercher quelle était, dans la langue indo-européenne, la fonction primitive du génitif ou du datif? La déclinaison à
huit cas que Schleicher reconstruit dans son *Compendium* n'est sans
doute pas tout ce que la race avait essayé en ce genre. Puisque nous voyons
que, dans toutes nos langues, la déclinaison ne cesse de s'appauvrir, il est
assez naturel de croire que la langue mère, subissant les mêmes conditions, n'avait pas hérité de toutes les richesses des âges précédents,
et qu'elle avait déjà attribué aux désinences casuelles dont elle dispose
certaines fonctions dévolues primitivement à d'autres désinences. La
recherche de l'idée fondamentale exprimée par chaque cas n'est donc
guère plus à sa place dans cette période que dans la période védique ou
homérique. On peut même aller plus loin. Je ne pense point qu'il y
ait eu jamais, à un moment quelconque du passé anté-historique, une
heure de perfection où la déclinaison eût répondu exactement à un ensemble de notions logiques. Le langage nous représente une longue
suite de tentatives à moitié réussies, à moitié avortées, qui se mêlent
et qui se combattent, de sorte qu'en tout temps, même à l'époque où
elle était encore en voie de croissance, la déclinaison avait déjà dû
éprouver des pertes et cacher des blessures. A plus forte raison dans

une période aussi voisine que celle où nos conjectures peuvent atteindre.
Si la signification du datif, en sanscrit comme en grec, ne se laisse pas
facilement réduire à une fonction unique, si l'instrumental cumule en
même temps le rôle d'un sociatif, il ne faut pas perdre de vue que
chacun de ces cas a pu assumer la fonction d'un ou plusieurs autres
cas frappés de mort à ses côtés.

En général, quand on voit dans l'histoire un mouvement qui s'effectue au premier moment où il nous est donné de commencer nos observations et qui se prolonge ensuite durant une notable série de siècles,
il serait hasardeux de croire que ce mouvement avait pris naissance
tout justement à l'époque où les faits deviennent pour nous observables. Une langue qui marche vers l'appauvrissement des désinences
casuelles depuis les premiers textes où nous pouvons l'étudier, avait
sans doute commencé à éprouver des pertes avant le jour où furent
composés les premiers hymnes védiques. Même on aurait peine à comprendre qu'un idiome qui se serait mis en frais pour trouver un mécanisme aussi ingénieux que la déclinaison, eût borné ses créations en ce
genre à sept ou huit désinences. Ce sont les derniers survivants, euxmêmes destinés à périr, que nous apercevons : mais leur nombre a dû
être plus grand dans une période plus ancienne; le groenlandais, le finnois, le basque, montrent quelle peut être la productivité du langage
quand il tourne ses facultés d'invention de ce côté.

S'il fallait quelque chose pour nous en convaincre, ce serait la variété
des désinences qu'on rencontre à un seul et même cas. Quand un cas
vient à disparaître, il ne périt pas matériellement tout entier, mais il
repasse une partie de son avoir à ses collègues. C'est parce que le datif-
ablatif pluriel, en latin, a hérité des désinences d'un ou plusieurs cas
sortis de l'usage, qu'il présente des désinences aussi dissemblables que
dominis et *avibus;* pour la même raison, on trouve au locatif sanscrit
pad-i et *vadhv-âm.* On peut encore citer le génitif latin comme *familias*
et *familiæ,* les nominatifs pluriels sanscrits *marutas* et *tê.* En général,
quand on trouve dans une langue cette bigarrure de désinences, il faut
admettre ou bien que le langage avait créé un certain nombre de flexions
synonymes, ou bien que les épaves d'une forme grammaticale ont été
recueillies par une autre forme. Des deux explications, c'est tantôt l'une,
tantôt l'autre qui convient. Mais, en ce qui concerne la déclinaison,
nous pensons que la seconde est le plus souvent à sa place, parce que
la déclinaison, sous l'action d'une nouvelle syntaxe, est un mécanisme
qui, dès les plus anciens temps que nous pouvons observer, est en voie
de se dissoudre, et dont les pièces deviennent peu à peu inutiles. A
l'époque de la séparation, le travail de désorganisation était déjà commencé, de sorte que chaque langue a emporté avec elle, outre les cas

qu'elle emploie, quelques débris qui ne font point partie de la déclinaison régulière. Telles sont, en grec, les formes comme ἶφι, βίηφι, ou comme κυκλόσε, οἴκοσε.

Ce serait donc s'écarter des saines données de l'expérience, que de dresser, pour la langue mère, des paradigmes parfaitement réguliers, comme on les trouve dans la grammaire de Schleicher. On a souvent appelé la déclinaison un organisme : mais ces sortes de métaphores ne peuvent qu'induire en erreur; la déclinaison est un système, une création successive, où il est aisé d'apercevoir des lacunes et des surcharges, et où des matériaux fort différents d'ancienneté ont été mis en œuvre. Quand, par exemple, on rapproche l'un de l'autre les deux adverbes *apa*, hors de (grec ἀπό), et *api*, vers (grec ἐπί), et de même παρά et περί, ἀνά et ἐνί, on entrevoit un mécanisme plus ancien et plus imparfait, qui a précédé la déclinaison classique. Quelquefois même on retrouve encore les anciennes flexions à la base des flexions nouvelles. En voici un exemple.

Nous avons en sanscrit des adverbes en *tas*, comme *atas, jatas, kutas, pûrvatas, svargatas, mattas, tvattas, abhitas, paritas*. A ces adverbes correspondent les adverbes latins : *intus, subtas, funditus, antiquitus, primitus, radicitus*. On a de même en grec ἐντός et ἐκτός, et en slave *otŭ*. La syllabe *tas* est, à ce que je crois, une forme déclinée du thème pronominal *ta*. Nous avons ici un *s* servant à marquer l'ablatif ou le génitif. Sont formés de même les adverbes sanscrits *adhas, adas, puras*. Cette flexion a-t-elle disparu absolument de la déclinaison régulière? Je ne le pense point. Elle se trouve dans les pronoms sanscrits *nas, vas*[1]; on la reconnaît dans les formes telles que *kavēs, sunōs;* elle est adjointe au pronom féminin *jâ* dans les génitifs comme *çivā-jā-s*[2], et je la retrouve enfin, mais cette fois *suivie* de la syllabe *ja*, dans *çiva-s-ja*.

Cet exemple nous montre combien les éléments employés dans les flexions casuelles sont loin d'être tous du même temps. L'analyse doit essayer de reconnaître les couches successives, comme on a commencé de le faire dans la conjugaison; il ne viendra à l'esprit d'aucun philologue de regarder comme contemporains les aoristes *ajāsišam* et *abudham*. C'est pourtant en un défaut de ce genre que sont tombés ceux qui ont expliqué les génitifs en *sja* par un thème pronominal *sja*, et qui, avec plus d'ingéniosité que de justesse, ont rapproché δήμοιο des adjectifs comme δημόσιος. Dans *açvas-ja*, la première partie *açvas* est la plus

---

[1] *Nas* et *vas* servent non-seulement de génitif, mais de datif et d'accusatif. Mais on sait par les adverbes que les formes sorties de la déclinaison régulière prennent facilement une signification indéterminée. — [2] C'est le même *s* qui termine les génitifs grecs comme ἡμέρας, latins comme *familia-s*.

ancienne; il est même probable que cette formation remonte à un temps où le nominatif n'existait pas encore. Ce cas, ainsi que l'accusatif, loin de devoir être tenus, comme ils le sont par M. Curtius, pour les deux plus anciens de la déclinaison, me paraissent les plus modernes : c'est ce que j'induis de la forme renforcée que présentent beaucoup de thèmes au nominatif et à l'accusatif, ainsi que de la différence qui existe, à ces deux cas, entre le masculin et le neutre, différence qui manque aux autres cas de la déclinaison.

Si la déclinaison était l'organisme dont parlent quelques philologues, on devrait s'attendre, entre les cas du singulier et ceux du pluriel, à un certain parallélisme. Il n'y aurait aucune raison pour que le même exposant, qui marque au singulier la relation ablative ou génitive, ne se retrouvât pas à l'ablatif ou au génitif pluriel, avec cette différence qu'il serait accompagné de l'exposant de la pluralité. Schleicher a, en effet, supposé quelque chose de semblable; il a cru reconnaître que les cas du pluriel se formaient des cas du singulier par l'addition du pronom *sa*, en sorte que le nominatif pluriel, par exemple, aurait été exprimé par *sa + sa*, celui-ci [et] celui-là. Mais il suffit de parcourir les paradigmes de la déclinaison, pour s'assurer que cette théorie ne va pas sans de grands tiraillements, et que finalement elle ne s'applique, tant bien que mal, qu'à un petit nombre de formes. Quelle parenté découvrir entre le génitif singulier *marutas* et son pluriel *maratām*, entre le locatif singulier *maruti* et le pluriel *marutsu*. On voit bien clairement ici que la langue se sert d'éléments disparates, soit que l'élément correspondant ait péri, soit qu'une répartition ait spécialement affecté au pluriel des flexions qui, dans le principe, servaient indifféremment pour les deux nombres. Quand on relit le brillant travail de Guillaume de Humboldt sur le duel, on touche du doigt le défaut d'une école qui était disposée à s'exagérer la portée logique et l'harmonie primordiale des formes grammaticales. L'idée du nombre paraît avoir trouvé son expression assez tard dans la déclinaison, sans quoi celle-ci aurait pris un tout autre tour. On devine la perturbation que cette idée, quand le langage commença à lui chercher une expression, dut porter dans l'ancien système de la déclinaison, et quel remaniement nécessita l'introduction d'une catégorie grammaticale nouvelle. C'est donc une entreprise à peu près sans issue de chercher, comme l'ont fait beaucoup de linguistes contemporains, l'étymologie des désinences. Expliquer les cas de la déclinaison indo-européenne au moyen des prépositions restées en usage ou des racines pronominales qui nous sont parvenues, c'est s'exposer à de nombreuses chances d'erreur, parce que ce mécanisme n'est pas de la langue indo-européenne, mais d'un âge antérieur. Je rappelle seulement les cas en *bhis*, *bhjam*, *bhjas*, *bhjām*, dans lesquels on découvre

un élément commun *bhi*, dont la langue indo-européenne, hors de là.
ne fait plus aucun usage. Au lieu de placer, avec M. Curtius, la formation de la déclinaison dans un temps relativement récent, je pense donc
qu'il faut la reporter à une époque très-reculée : c'est de beaucoup la
portion la plus obscure de nos idiomes.

Parmi les flexions, si l'on veut trouver ce qu'il y a de plus archaïque,
je crois qu'il faut s'adresser aux pronoms, et particulièrement aux pronoms personnels, qui témoignent déjà de leur antiquité par leur indif-
férence au genre. Des formes comme *mama, tava, mé, té, mā, tvā,
majā, tubhjam, nas, vas, nāu, vām, asmat, asme*, doivent compter parmi
les débris les plus vénérables de la déclinaison. De même que la flexion,
peu à peu délogée de nos langues modernes, trouve son dernier asile
chez les pronoms, de même il est à supposer qu'elle a pris naissance
parmi eux.

J'arrive à la conjugaison, qui présente moins d'obscurité. Cependant,
ici encore, nous retrouvons des difficultés causées par la différence
d'âge des éléments mis en œuvre; ceux qui ont pensé que la conjugaison s'expliquerait tout entière par les pronoms que nous livrent nos
idiomes n'ont pas raisonné autrement, au fond, que les philologues de
la vieille école, expliquant l'*ω* de *φέρω* par le pronom *ἐγώ*. Je commen-
cerai par les désinences du pluriel.

On sait que les idées *nous, vous,* sont assez complexes : dans beaucoup de langues, surtout dans les langues encore jeunes, il existe plusieurs mots pour exprimer chacune de ces idées. M. Frédéric Müller
raconte l'histoire d'un missionnaire qui, prêchant un jour dans
une île de la mer du Sud sur le péché et sur la grâce, s'écria : «Nous
«sommes de grands coupables!» Et, là-dessus, il énumère les péchés
auxquels, en tous pays, l'humaine nature a trop d'inclination. Mais il
se servit du pluriel au lieu d'employer l'omniel, en sorte que le pronom *nous* parut se rapporter exclusivement aux missionnaires, et que
l'impression à produire sur les indigènes fut manquée. Pour créer
le pronom *nous*, diverses combinaisons sont possibles, telles que *moi
et toi, moi et il, moi et ceux-ci*. Il est donc peu surprenant que nous
trouvions dans la conjugaison une désinence *mas, masi*, qui n'offre aucune ressemblance avec les pronoms pluriels de la 1re personne. Cependant on s'est donné assez de peine pour expliquer ce *masi* à l'aide
d'*asmat*, ou de *ma+tva*, et il n'est artifice de phonétique qu'on n'ait
essayé. Non-seulement *masi* peut venir d'un pronom pluriel qui ne nous
a pas été conservé, mais la désinence moyenne *madhē* nous met sur la
voie d'une troisième forme. Il subsiste encore dans la déclinaison une
preuve de cette surabondance de pronoms, puisque nous trouvons, à
côté d'*asmat*, le pronom *nas*, qui ne paraît être d'aucun emploi pour

la flexion du verbe. La même observation s'applique à la seconde personne : quel rapport y a-t-il entre ὑμεῖς et la désinence de φέρετε, φέρεσθε? Je ne veux pas nier pour cela l'origine pronominale des flexions verbales. Mais on peut être partisan de la théorie de l'agglutination sans croire que tous les morceaux qui ont été joints ensemble doivent encore se trouver sous la main.

Même au singulier, les tentatives pour ramener au pronom *tvam* les désinences qu'on a dans *bharasi* et dans *crudhi* ne sont pas sans présenter de grandes difficultés. Les deux seules personnes qui s'expliquent facilement sont la première (*as-mi*) et la troisième (*as-ti*). De là est partie toute la théorie de Bopp, qu'on a cru trop aisément pouvoir vérifier sur l'étendue entière de la langue.

Ces deux désinences elles-mêmes peuvent donner lieu à une observation. Il est remarquable qu'à côté de la première personne εἰμί, δίδωμι, le grec en ait une autre λέγω, λέξω, qui ne s'explique point, comme on l'a cru trop aisément, par la chute de la syllabe *mi*, mais qui paraît être jetée dans un autre moule. A la troisième personne, λέγει n'est pas non plus sans causer quelque doute; car on ne sait pas comment un primitif λέγετι aurait donné cette forme [1]. Il se pourrait donc que les désinences *mi* et *ti*, les deux seules qui ne présentent point de difficulté, fussent aussi les plus modernes. On a plus d'un exemple de flexions pronominales ainsi ajoutées après coup : l'allemand, au moyen âge, a failli se donner une seconde personne, *wirstu, hastu.*

Dans la théorie des suffixes, l'idée qu'on atteignait les premiers éléments de la parole n'a pas fait commettre moins de méprises. Quelques linguistes, et Schleicher à leur tête, semblent croire qu'on ne saurait réduire les suffixes à des syllabes assez simples et assez faciles. Ainsi *tra* est expliqué comme étant pour *ti + ra*, *ska* pour *sa + ka*. Cependant quelques suffixes résistent à cet émiettement, par exemple celui du comparatif *jans*, qui est fort ancien, puisqu'il se retrouve dans toute la famille, puisqu'il se joint immédiatement à la racine et puisqu'il est contenu dans le superlatif *ista*. Loin d'esquiver ces sortes de difficultés, il convient d'y insister, pour prouver que la langue indo-européenne, conforme en ceci aux autres langues, ne rend point compte de tous les éléments qu'elle emploie. Parmi les composés, il en est qui contiennent des mots remontant à une époque antérieure, et dont le souvenir, à l'état simple, s'est perdu. Bopp n'hésite pas à reconnaître le substantif *divas*, jour, dans la seconde partie de l'adverbe signifiant *hier* : sanscrit,

[1] G. Curtius (*Das Verbum*, I, p. 60) suppose comme intermédiaires λέγετι, λέγειτ. Mais pourquoi l'ι final serait-il tombé dans cette conjugaison, tandis qu'il reste dans les verbes en μι?

hjas; grec, χθές; latin, *heri;* gothique, *gistra.* Cependant un adverbe d'usage aussi fréquent a fort bien pu ne pas attendre la formation du mot *divas.*

Je passe maintenant aux racines. Jusqu'à quel point a-t-on le droit de parler de racines latines, grecques, sanscrites, puisque ces langues n'ont pas l'habitude d'employer des racines nues, mais seulement des mots formés et fléchis? On ne saurait évidemment parler de racines sanscrites, latines ou grecques, que d'une manière un peu abusive et impropre : on peut seulement dire que nous sentons la présence des racines à l'intérieur des mots où elles sont placées. Ainsi, en grec, la racine γεν se sent dans ἐγένετο, γέγονα, γενέτωρ, γένος; en latin, la racine *nec* s'aperçoit dans *necare, nex, pernicies.* Dans toutes les langues que nous connaissons, il nous faut dégager la racine soit par l'analyse grammaticale, soit par une sorte d'instinct dû à une longue habitude. Mais la langue mère indo-européenne ne se comporte pas, à cet égard, autrement que le grec, le latin, le sanscrit ou le slave. Elle emploie des mots : elle n'emploie pas de racines nues. Toutes les formes comme ἐγένετο, γέγονα, *nex, neco,* auraient leur forme correspondante dans la langue mère. L'expression de racine indo-européenne est donc aussi impropre que celle de racine grecque ou sanscrite : ou plutôt le mot *indo-européen* est à tort employé par les linguistes en deux sens différents, et il désigne tour à tour deux périodes fort éloignées l'une de l'autre, suivant que nous l'appliquons à l'époque précédant immédiatement la séparation des idiomes ou aux temps anté-grammaticaux. Pour éviter cette confusion, j'appellerai cette dernière période, la période *monosyllabique*[1]. M. G. Curtius a essayé de montrer combien de couches il faut traverser pour arriver de la période monosyllabique jusqu'à la période indo-européenne. On peut ne point partager l'opinion du savant professeur de Leipzig sur l'ordre de succession et sur le rapport chronologique de ces différentes couches : mais où tout le monde tombera d'accord, c'est sur le long espace de temps qu'il a fallu pour ces évolutions. Une forme telle qu'*adikshat,* il montra, en grec ἔδειξε, aoriste

---

[1] Dans un livre que nous avons déjà cité, et dont les idées, sur certains points, se rapprochent des nôtres, M. Sayce met en doute le monosyllabisme des racines indo-européennes : « La tendance du langage étant plutôt d'user et de contracter les mots que de les étendre et de les accroître. » Et il ajoute que certaines racines, comme celle du verbe *loqu-or,* eussent été impossibles à prononcer. On va voir que ce dernier argument n'est pas très-solide, car il suppose que nous pouvons nous faire une idée exacte de la prononciation qu'avaient les racines à une époque si reculée. Sans vouloir nier la possibilité d'une transformation qui aurait abouti au monosyllabisme, nous croyons qu'il faut attendre, pour l'admettre, des preuves plus convaincantes. Il serait assez extraordinaire que pas un ancien dissyllabe n'eût survécu.

de la racine *dik*, montrer, a exigé le travail continu d'une longue suite
de siècles.

Il est bon de garder présente à l'esprit une distinction si essentielle.
Autrement on s'exposerait à plus d'une sorte d'erreur. Pour commencer
par le côté phonétique, je crois que, s'il est possible de nous représenter
à peu près le son des racines de la langue indo-européenne, le son
qu'avaient ces mêmes racines dans la période monosyllabique est beaucoup plus difficile à déterminer. Un exemple fera mieux comprendre
ceci. On sait que nos dictionnaires de racines contiennent un bon
nombre de racines homophones : ainsi nous avons une racine *kar*, faire
(latin *creare*), une autre racine *kar*, mélanger, verser (grec κεράννυμι),
une troisième racine *kar*, couper, séparer (latin *cernere*). Il n'existe aucun
danger de confusion, car ces racines, qui se retrouvent toutes les trois
en sanscrit, ne s'y conjuguent pas de la même manière. Comme la
langue indo-européenne dispose des mêmes richesses de flexion, le
danger de confusion n'existe pas davantage pour cette langue. Au contraire, si nous franchissions les siècles et si nous remontions à la période
monosyllabique, nous nous trouverions en présence de trois monosyllabes *kar* à sens fort différents, sans parler du substantif *kar*, qui veut
dire tête. Mais, quoiqu'il reste encore, pour distinguer ces homonymes,
la ressource du geste, je crois qu'on aurait tort de raisonner de la sorte.
Durant le long espace de temps qui sépare de la langue indo-européenne
l'âge monosyllabique, l'altération phonétique n'a pas dû manquer de
faire sentir son influence. Il est même à présumer qu'elle a dû s'exercer
pendant cette période d'une façon toute particulière. En effet, s'il y a
eu dans l'histoire de nos langues une révolution importante, c'est celle
qui a produit le système de la conjugaison et de la déclinaison. Or
l'expérience nous apprend que des créations de ce genre ne vont jamais
sans compensation : là où la syntaxe se perfectionne, les flexions s'obli-
tèrent; quand la construction devient plus rigoureuse, on ne donne
plus le même soin à la prononciation de chaque mot. Mais aucun de
ces faits n'est comparable en importance au changement qui se produisit
quand un appareil grammatical comme celui que présente notre famille
de langues commença d'être formé. L'usage de ces suffixes et de ces
désinences qui, en s'ajoutant à la racine, la déterminent et la nuancent
en tant de façons, ouvrait un âge nouveau, qui devait faire négliger les
ressources plus imparfaites de l'âge précédent. On commettrait donc
une sorte d'anachronisme en prêtant à la période monosyllabique la
phonétique relativement simple de la langue indo-européenne. Ce qu'on
appelle l'altération phonétique n'étant en général qu'un adoucissement
des sons, il est à supposer que les sons les plus difficiles se perdirent
lorsque le langage, ayant inventé la flexion, put renoncer à une partie

de ses moyens d'expression antérieurs. On voit combien est téméraire
la confiance de ceux qui prétendent reconnaître dans nos racines, telles
que les livre la langue indo-européenne, un écho de l'impression que
le monde extérieur aurait faite sur les ancêtres de la race [1]. Retrouver des
onomatopées ou des cris naturels dans ces syllabes, qui sont déjà usées
par le frottement des siècles, c'est recommencer d'une autre manière
le Cratyle.

Pour faire toucher du doigt le danger qu'il y a à confondre la période
monosyllabique avec la période indo-européenne, je rappellerai la formule que Schleicher a cru pouvoir donner des mots de nos langues :
$R^x s$. Le x placé comme exposant auprès de R (racine) fait allusion au
renforcement (gouna ou vriddhi) de la voyelle radicale. Il semble que
cette faculté de changer un *a* en *â*, un *i* en *é* ou *âi*, un *u* en *ô* ou *âu*,
soit propre à la racine. Le regrettable linguiste, en inventant cette formule, qu'il oppose à *Rs*, formule des langues finnoises, présente comme
une faculté inhérente à la racine ce qui est certainement postérieur à
la formation des mots : tout porte à croire que le gouna et, à plus forte
raison, le vriddhi, n'ont commencé d'exister qu'à partir du moment où
la racine s'est adjoint des suffixes. Il n'y a pas plus de raison pour poser
une formule qui mentionne spécialement ce phénomène que tous les
autres faits de phonétique. On pourrait aussi bien, par exemple, choisir
une formule qui ferait allusion au changement de *man* (latin *memini*)
en *mnā* (grec μιμνήσκω), ou de *dam* (δαμάω) en δμη (ἄδμητος). Schleicher
transporte ici dans la période monosyllabique ce qui appartient à la
langue indo-européenne.

C'est par une confusion d'un autre genre qu'à diverses reprises on a
essayé de distinguer parmi les racines plusieurs couches d'âge plus ou
moins reculé, suivant que la racine est composée d'un plus ou moins
grand nombre de lettres. Ceux qui se sont livrés à ce travail se laissaient
conduire par l'idée qu'ils touchaient aux commencements de la parole humaine. Ainsi M. Fick, dans son ouvrage, déclare que les seules racines primitives sont les racines d'une, deux ou trois lettres, telles que *i*, aller;
da, donner; *ad*, manger; *sta*, être debout. Tout ce qui dépasse cette
longueur ou sort de ce modèle n'est pas *urwurzel*. M. Max Müller,
dans le tome I de ses *Lectures sur la science du langage*, établit pareille-
ment une division entre les racines *primaires*, telles que *i*, *ad*, *da*; *secondaires*, comme *tud*, frapper; *tertiaires*, comme *plu*, couler; *spak*, voir;
spand, étendre. « Les racines primitives, dit l'éminent indianiste, sont
« les plus importantes pour l'histoire des commencements du langage;

[1] C'est ce que fait, par exemple, Heyse, à propos des racines *sta*, être debout; *i*, aller, etc. (M. Gerber, *Die Sprache als Kunst*, I, p. 224.)

« mais leur force d'affirmation étant généralement trop indéterminée
« pour satisfaire aux progrès de la pensée, elles ont bientôt été envahies
« et presque supplantées par les racines secondaires et tertiaires. »

Les linguistes que nous avons nommés, et dont il serait aisé d'accroître le nombre[1], plaçant la simplicité à l'origine, veulent diminuer l'effort que les ancêtres de la race auraient eu à faire pour créer les premiers moyens d'expression. D'autres savants ont pensé que la forme la plus complexe était la plus ancienne, et que des formes plus simples en ont été déduites par voie d'élimination. Nous retrouvons ici M. Max Müller, dans le second volume de ses *Lectures sur la science du langage* : « On peut aussi, dit-il, défendre l'hypothèse opposée, à savoir que le « langage débuta par la variété, que l'esprit humain émit d'abord un « grand nombre de racines spéciales d'où on tira ensuite les racines plus « générales, en omettant les lettres qui constituaient les différences spé- « cifiques. Il y a beaucoup à dire en faveur de l'une ou de l'autre de ces « vues. » L'hypothèse qui se trouve au fond de ces théories opposées est la même : à savoir que les racines représentent le commencement de la parole.

Mais ce n'est pas seulement sur la forme des racines que la fantaisie et l'esprit de système se sont donné carrière. Le sens de ces monosyllabes n'a pas provoqué moins de théories aventureuses. Quand on parcourt dans nos dictionnaires la liste de ces racines, on voit que le plus grand nombre expriment une action ou une qualité, comme *aller, frapper, porter, briller, résonner, penser*. Cette action ou cette qualité a l'air d'être conçue d'une façon abstraite, c'est-à-dire détachée de l'être ou de la chose qui va, frappe, porte, brille, résonne, pense. Il y a très-peu de racines désignant des êtres ou des choses. Pour nommer le soleil, par exemple, ou le cheval, on se sert, non pas d'une simple racine, mais d'un dérivé de la racine *briller* ou de la racine *courir*. Le soleil est le brillant, le cheval est le coureur. De cette signification abstraite des racines, on a cru pouvoir tirer des conclusions sur la succession des premières idées de l'homme. « Nous commençons, dit M. Max Müller, « nous commençons réellement par connaître les idées générales, et c'est « par elles que nous connaissons et que nous nommons ensuite les ob- « jets individuels. » Disons seulement que cette théorie, dont il serait hors de propos de juger la valeur philosophique, n'est point ici à sa place. Pour nous convaincre que nous ne touchons pas aux premières

---

[1] Il est juste de rappeler que cette théorie a été présentée pour la première fois, et avec des développements qui ne se trouvent pas chez les philologues allemands, par M. H. Chavée, dans sa *Lexiologie indo-européenne* (Paris, 1848). Il a reproduit depuis les mêmes idées dans la *Revue de linguistique* (I, p. 138, 253), sous le titre : *Idéologie positive, Familles naturelles des idées verbales*.

conceptions de l'homme, il faut d'abord nous rappeler qu'il s'agit d'une seule famille de langues, et non sans doute de la plus ancienne. Dans cette famille de langues, nous dégageons des syllabes, au nombre de quatre ou cinq cents, qui ont servi à former les verbes et les noms. Qu'était-ce d'abord que ces syllabes?

Je crois qu'ici encore il faut faire la part des transformations successives éprouvées par le langage. Le jour où commença le système agglutinatif, un instrument d'une puissance extraordinaire était créé. Il devait avoir un double effet : 1° transformer en *racines* tous les mots qui étaient pris dans ses engrenages; 2° faire peu à peu tomber dans l'oubli, comme superflus, comme obscurs ou comme surannés, la plus grande partie des mots qui n'étaient pas saisis par ce mécanisme.

Il est impossible de savoir ce que signifiait autrefois le monosyllabe *bhar*, qui a donné le grec φέρω, le latin *fero*, le germanique *bairan* (lequel se trouve encore, en allemand, dans le composé *gebären*, mettre au monde). Désignait-il le porteur d'un fardeau, ou le fardeau lui-même, ou avait-il quelque sens encore plus particulier, comme le serait, par exemple, l'enfant que la mère porte dans son sein? On comprend qu'il serait quelque peu téméraire de rien assurer à cet égard. Mais ce qui est certain, c'est qu'il ne faut pas transporter dans cette ancienne période la signification abstraite qu'il a prise quand on a commencé à dire *bhar-mi*, je porte; *bhar-ti*, il porte; *bhar-tar*, le porteur. Ce jour-là *bhar* est *devenu* une racine. Il suffit d'observer nos idiomes modernes pour voir comme un verbe, tiré d'un nom, surpasse ordinairement en abstraction le nom dont il est sorti. Que l'on compare en latin, par exemple, au substantif *monstrum*, le verbe *monstrare*, ou au substantif *portus*, le verbe *portare* (qui était probablement d'abord un terme de marine), ou à l'adjectif *durus*, le verbe *durare;* on voit aussitôt comme le verbe se débarrasse facilement de ce qu'il y avait de trop particulier dans le nom dont il est issu. Le même fait a dû se passer dans un temps plus lointain. Il n'est pas vraisemblable que, dans la période anté-grammaticale, il n'y eût pas encore de termes pour désigner le *soleil*, le *tonnerre*, la *flamme*. Mais le jour où ces mots sont entrés en contact avec les éléments pronominaux, pour former des verbes, leur sens est devenu plus fluide, et ils se sont résolus en racines signifiant *briller, résonner, brûler*. On comprend dès lors que les anciens termes qui désignaient les objets aient disparu pour faire place à des mots dérivés, à l'aide de suffixes, de ces racines nouvellement créées. On comprend mieux aussi la présence des nombreux synonymes qui signifient *aller, briller, retentir;* ce sont les *abstraits* (*abstracta*) d'anciens appellatifs. L'idée de *briller*, par exemple, ayant pu être tirée du feu et de la neige aussi bien que du soleil, un assez grand nombre de racines, à points de départ fort différents, sont venus se rejoindre dans une acception commune.

Si nous voulions percer le voile qui nous dérobe les appellatifs antérieurs à la formation du système grammatical, il faudrait chercher parmi les racines verbales celles qui ont conservé en leur signification quelque chose de caractéristique qui trahisse leur ancienne nature nominale. Ainsi les grammairiens indous placent parmi les nombreuses racines signifiant *aller,* la racine *sarp :* mais, quand on voit que *sarp* a donné *serpens* en latin, ἕρπω en grec, *sarpa,* serpent, en sanscrit, on peut conjecturer que les reptiles avaient depuis longtemps quelque nom approchant et que la racine *sarp* doit à cette origine le privilége de désigner une marche rampante. Le mécanisme grammatical a changé de cette façon en verbes quantité d'appellatifs. Il est intéressant de comparer, à ce point de vue, les langues modernes, par exemple le français, où il subsiste tant de verbes dont les primitifs, autrefois employés, sont sortis de l'usage. Même, il arrive à notre enseignement, quand il néglige la filiation historique, de construire des racines imaginaires et de recommencer, pour une période beaucoup plus récente, le faux raisonnement dont nous parlons. Mais cette fois il est plus facile de mettre le doigt sur l'erreur. Ainsi dans un livre élémentaire d'étymologie française, on groupe les mots comme *rouler, roulement, roulage, roulier, rouleau, roulette, roulis,* autour d'un radical *roul* qu'on suppose marquer un mouvement circulaire.

Ce prétendu radical *roul,* comme on sait, n'est autre chose que le substantif latin *rotula.*

Si l'on est autorisé à penser qu'un bon nombre de substantifs usités à une époque très-reculée, se cachent dans des racines verbales, un plus grand nombre a dû périr après la création du système grammatical.

Ce qui caractérise, en effet, ce système, c'est sa grande fécondité : à l'aide des suffixes, une racine verbale met au monde un nombre considérable d'adjectifs et de substantifs qui peuvent, grâce à la répartition et à la fixation du sens, devenir des appellatifs. En outre, dans la conjugaison, l'actif et le moyen permettent d'exprimer la même action sous deux points de vue très-différents. Les particules qu'on adjoint aux verbes en diversifient l'emploi de la façon la plus riche. Les préfixes, notamment les préfixes privatifs, varient le sens des adjectifs. Les monosyllabes appelés au rôle de racines sont donc comme une espèce prolifique et pullulante qui limitait l'espace et entravait l'existence des autres mots, restes de la période anté-grammaticale. Il faut ajouter que les mots nouvellement formés avaient l'avantage de la clarté, puisqu'ils contenaient une racine devenue agissante. On ne sera donc pas étonné que les quatre ou cinq cents racines[1] qui ont formé les mots nouveaux de notre famille de langues aient pu dévorer, en quelque sorte, ce qui, à côté d'elles, restait de la période antérieure, sauf un certain nombre de mots qui, grâce à des circonstances particulières, ont su se défendre et se maintenir. En effet, si étendue que soit l'influence des révolutions en linguistique, il reste ordinairement quelques témoins de l'âge antérieur : tous les anciens appellatifs n'ont sans doute pas été changés en racines verbales ni effacés de la mémoire des hommes. Je prends, par exemple, le mot *ap* ou *áp* qui désigne l'eau ; comme il n'existe pas de racine verbale qui puisse expliquer ce substantif, on doit croire que nous avons ici le représentant plus ou moins altéré d'un ancien nom ; on en peut dire autant pour *ghmā*, la terre. Il est possible qu'une partie des mots que nous avons cités en commençant, comme *nar*, l'homme ; *rä*, la propriété, soient des appellatifs déjà employés comme tels dans la période monosyllabique.

Quant aux ressources de grammaire et de syntaxe qui ont pu être en usage dans cette période reculée, elles ont dû se perdre quand notre système grammatical s'est créé. Il y a place ici pour toutes les hypothèses, depuis celle d'une langue à modulations, comme le chinois ou le siamois, jusqu'à celle d'une langue polysynthétique comme les idiomes américains. Certains phénomènes de changement de voyelle, comme ce que nous observons dans les pronoms *na, ni, nu; dva, dvi; ka, ki, ku; ta, ti*, pourraient donner lieu à d'autres hypothèses et faire chercher des affinités avec d'autres familles d'idiomes. Mais c'est là un domaine trop évidemment voué aux conceptions de l'imagination pour que nous y arrêtions le lecteur. Nous voulons seulement faire observer qu'il serait hardi d'affirmer, comme le fait par exemple M. Curtius, qu'aucune grammaire n'existait dans l'âge monosyllabique, et que l'esprit devait suppléer les idées de subordination et de rapport qu'avaient entre eux ces mots invariables.

Nous bornons ici ces considérations, qui ont été suggérées par la lecture d'un certain nombre d'ouvrages où les enseignements nouveaux fournis par la grammaire comparée nous paraissent avoir conduit à des conclusions excessives. Une appréciation plus vraie doit à la fois étendre notre horizon intellectuel et limiter notre ambition philologique. La création du système grammatical dont nous nous servons fut une révolution qui plia à des usages nouveaux la matière transmise par des âges antérieurs.

---

[1] Il y en avait probablement un plus grand nombre à l'origine. Mais la lutte pour l'existence, qui est une loi en linguistique comme en histoire naturelle, a dû en faire disparaître une partie. Je rappelle ce que j'ai dit, au commencement de ce travail, de certains mots comme *agni*, feu ; *garu*, lourd.

S'il est impossible de dire ce qui précéda, on peut, du moins, affirmer que de longs siècles de parole se trouvent par delà notre horizon linguistique[1]. Il n'y a aucune information directe à tirer des racines pour la question de l'origine du langage. Si c'est une entreprise vaine de chercher dans ces syllabes une imitation des bruits de la nature, il n'est pas moins déplacé de triompher parce que ces racines ne sont pas des onomatopées, ou de développer des considérations sur la grandeur de l'intelligence humaine, parce que la plupart des racines expriment des idées verbales. Les premiers balbutiements de l'homme n'ont rien de commun avec des types phonétiques aussi arrêtés dans leur forme et aussi abstraits dans leur signification que *dhā*, poser; *vid*, voir, savoir; *man*, penser. L'erreur serait à peu près la même que si l'on voulait présenter les anciennes monnaies grecques, d'un art déjà si avancé, comme le premier moyen d'échange inventé par les hommes.

Il est dans la nature des sciences d'observation de devenir tous les jours plus exigeantes pour elles-mêmes. Nous apercevons des difficultés là où n'en voyaient point nos devanciers : nous distinguons des séries successives de faits là où tout leur semblait du même temps. Loin de rien prouver contre la solidité d'un ordre d'études, cette révision de la science montre qu'elle est en progrès. C'est faire un pas dans la voie de la précision, que d'apprendre jusqu'où s'étend et où finit le champ de notre regard. Même les exagérations passagères ne sont pas inutiles : elles provoquent la contradiction et elles laissent voir les côtés faibles d'un système. Celui qui redresse une erreur doit ordinairement cet avantage au travail d'une génération qui a perfectionné les instruments et accru de faits nouveaux notre expérience.

[1] J'ai déjà indiqué ces idées à propos d'un travail de M. Frédéric Müller, dans la *Revue critique* du 18 mai 1872. On trouvera quelques aperçus d'une grande pénétration dans un article de M. Benfey, *Orient und Occident*, II, p. 744.

IMPRIMERIE NATIONALE. — Novembre 1876.